Afrodita anochecida

MEMORIA DE LA FIEBRE

Colección de poesía

Poetry Collection

FEVERISH MEMORY

Arabella Salaverry

AFRODITA ANOCHECIDA

Nueva York Poetry Press®

Nueva York Poetry Press LLC.
128 Madison Avenue, Suite 2RN
New York, NY 10016, USA
+1(929)354-7778
nuevayork.poetrypress@gmail.com
www.nuevayorkpoetrypress.com

Afrodita anochecida
© 2024 Arabella Salaverry

ISBN-13: 978-1-958001-58-5

© Blurb:
Marisa Russo

© FEVERISH MEMORY COLLECTION vol. 5
Homage to Carilda Oliver Labra
Feminist Poetry

© Publisher/Editor-in-Chief:
Marisa Russo

©Editor:
Luis Rodríguez Romero

© Cover Designer:
William Velásquez Vásquez

© Layout Designer:
Esteban Sibaja

© Author Photographer:
Esteban Chinchilla

© Internal Illustrations:
Manuel Zumbado

© Cover Artist:
Flora Zeledón
A merced del aplauso

Salaverry, Arabella
Afrodita anochecida / Arabella Salaverry. 1a edi-- New York: Nueva York Poetry Press,
2024, 146 pg. 5.25 x 8 inches.

1. Costa Rican Poetry 2. Central American Poetry. 3. Latin American

All rights reserved. No part of this publication may be reproduced, distributed, or transmitted in any form or by any means, including photocopying, recording, or other electronic or mechanical methods, without the prior written permission of the publisher, except in the case of brief quotations embodied in critical reviews and certain other non-commercial uses permitted by copyright law. For permissions contact the publisher at: nuevayork.poetrypress@gmail.com.

A ustedes, mi familia, mi refugio.

A mis mujeres.
Las de la palabra y las del silencio.

I
Femenino

FEMENINO

Solo mujer
y ya es decir bastante

es como ir desgranando
palabras que mueren antes de haber nacido
palabras nunca dichas
armas para romper el aire
palabras que se atropellan pero nunca irrumpen
sílabas a flor de piel
a flor de labio
palabras aventadas
lanzadas a escondidas
de mano que lanza y guarda
palabras que se ocultan
despedazan

lloran
se retuercen
tiemblan
se desdicen
y terminan muriendo antes de haber nacido

QUE NO ME TOQUEN

Que no me toquen
Que nadie se acerque

Que la piel se me ha ido adelgazando
membrana traslúcida
y no soporta el tacto

Que la piel no contiene
esto que soy
y me desbordo

Salto por cada poro
surtidor silencioso
graficando el dolor
de los nervios ya desprevenidos

Pido que nadie toque
la leve sábana que pretende cobijarme

Que nadie toque la neblina que me tapa
porque puede quedar con un poco de vacío
entre las manos

A FLOR DE LÁGRIMA

Amanecida de tantas lunas nuevas
estoy de nuevo aquí
mojada por todo el sol del trópico
empapada de lluvias antiguas
sedienta
ansiosa
impalpable en la muerte
como si estuviese viva

Sembrada de recuerdos
renaciendo al cardo
el ginger florecido
amante amada
un invento en translúcidos mapas
milenaria
desde siempre aquí
por siempre muerta
pero también dormida
renaciente
esperando saltar al infinito

temblando desde dentro
acongojada
sumisa contestataria
siempre a flor de lágrima
en carne viva siempre

DE MUJERES

Soy
una lectura de mí misma
hecha
por los ojos de enfrente

Viajo
por caminos ajenos
con un aleteo de pájaros
subiendo desde el vientre
a la profunda altura del cerebro

Camino
al vaivén de otros deseos
ignoro mi sed
reparto el agua
doy pan cuando muero en ayuno
empapada de lágrimas ajenas
no tengo un sitio seco para llorar la mía

Y así
igual que yo

unidas por el miedo
mutilada
recortadas sus alas inconexas
recorren los caminos
en manojos y ramos
las mujeres

¿CUÁNTO MÁS?

De nuevo la batalla
De nuevo a muerte la batalla

Perder piel
huesos
ligamentos

Perder esperanza
perder también
la sombra

De nuevo la batalla

Y desde la soledad
lamerse las heridas

Un ruido

Hoy se oye
un ruido de cristales despedazando el aire
un ruido de alas de pájaro quebrándose
un ruido de calaveras en busca de sus ojos

Con su ritmo caminan
por pasadizos de espanto
las ignoradas
las borradas
las condenadas
aquellas que perdieron su cuerpo
aquellas que extraviaron su sombra

Con su ritmo fatigan
la urgencia de su lápida
porque ya no están vivas
las habita
una clara vocación del féretro

II

Violencia

SUEÑO CON SANGRE

La densidad del agua
su color apurpurado
algo semejante a la pimienta

Su olor
Sí
y su consistencia
más esa apacible calma
de fin de mundo
o de premonición de apocalipsis
me hicieron sospechar

No estaba errada

No era agua
era más bien sangre
y es en sangre
en donde solemos lavar
heridas recuerdos cicatrices

ÉRAMOS FELICES

Éramos felices

De una manera precaria
con esa felicidad edificada
cuando la luz reverbera en el agua
y el viento
siempre oportuno
espanta el fuego de los mediodías
cuando es el mar
tu cómplice

Correteábamos olas
nos engullían para devolvernos
intactos
a la arena

Éramos felices
gaviotas
en su vuelo rasante
      sobre la inmensidad salada

Éramos felices en esa realidad
de espectros inventados
a pesar de la huraña mirada
hacia los otros
a pesar de ese ojo siguiendo
cada paso

Éramos felices
porque el sol todo lo puede
y suele iluminar rincones abisales

Pero la felicidad de la infancia
suele no ser eterna
es muy simple quebrarla

Una mano
una noche
y nunca
nunca jamás
ni con hilos de oro
ni con el transcurrir de insomnios
ni con soldaduras de plata
se unirán los fragmentos

HUELLA

De esa noche
queda
el fuego adolorido
de tu mano
mientras golpea
la dormida presencia
de mi hombro

VIOLENCIA

Una mujer escudriña
en la negra dimensión
de una bolsa de basura

Esa mujer arrodillada en la vereda

Una mujer escarba profundidades
recoge despojos
y se rescata durante un breve paréntesis
del hambre

Esa mujer encuentra su alimento
en los vergonzosos tesoros
del desecho

una mujer avizorada un instante
permanece para siempre
por dentro de la piel y en la retina

SE CIERRA LA NOCHE

Se cierra la noche
sobre la desnudez helada
de tus piernas

Adolescente tu piel
espera el asalto de unas manos
bajo el farol donde descansa un pájaro

Se abrirá
la trasnochada orquídea de tu sexo
y no será colibrí
jilguero
ni tórtola
quien libará de ella

CIRUGÍA

No sé si sabes
que a las mujeres
nos detienen con correas antiguas

Ese temblor de pétalo al acecho
lo controla el cirujano
aplastando nuestro cuerpo a la camilla

Dicen que es mejor así

Aséptico
con el frío que aniquila los microbios
el bisturí separa la epidermis
te parte de parte a parte
mientras la máscara anestésica
confunde las edades

Y es mejor así
eso es lo que dicen

Se terminan de pronto los dolores

Aunque la sangre no te lava
ni remotamente te devuelve al olvido

Es solo un surtidor

Y en su esencia habitan
los restos de la vida

Entonces allí
en el punto exacto
donde irradia el deseo:
una zarpa enorme
nos condena a la amnesia

PRÁCTICAS OBSCENAS

No es de pañales de seda
ni de sábanas blancas
ni encajes
ni esperanza

No
Esos no son los temas
de este manojo de palabras:
Hablo de la maternidad como tortura
hablo de agujas que irrumpen
en tu piel desprevenida
hablo de torniquetes
de sueros para inducir el parto

de retortijón
de miedo

Hablo de tajos
en la cuna del deseo

De ríos de sangre
que van alimentando
el paso de la noche

Y es en su olor
en donde se resume la soledad
con la que nos asalta la aurora

Ese estar ante tu cuerpo expuesto
un amasijo de dolor y miedo
ajena aún al hijo que pariste

¿Quién repara el daño
De esta práctica obscena?

III

Noticias

CLÉRIGO CULPA A MUJERES PROMISCUAS

Yo sabía
que las mujeres
      éramos capaces de prodigios
que las mujeres
      éramos capaces de portentos
pero no imaginé ni siquiera presentí
que fuésemos capaces
      de desatar cataclismos

En Irán
país proclive a movimientos telúricos
un clérigo islámico nos signó

Ahora las mujeres promiscuas
perdón mejor digo
las mujeres que hablan
las mujeres que piensan
las mujeres que sienten
esas mujeres engendran no hijos
sino terremotos

Si no quieres quedar sepultado
cuida a las mujeres

Que no piensen no sientan no hablen
apenas respiren
adelántate tú sepúltalas tú
bajo los escombros de tu desatino

SUMANDO MUERTES

Ante la muerte de la activista Susana Chávez

Susana Chávez cuánto dolor
ni una muerta más dijiste
Cuánto dolor Susana
ahora sumando tu muerte
a la cifra oscura de todas esas muertes

Una muerta más
Susana Chávez violada
su mano amputada en el horror
Cuánto dolor Susana Chávez
regando los desiertos de Chihuahua

Chihuahua marcada con cactus
donde florecen las espinas
una por cada mujer asesinada
siembra oscura que llora en tus desiertos

Una mujer más
a quién le importa
una mujer más asesinada

Susana Chávez desnuda
asfixiada violada

Quién responde Susana por tu muerte
Quién acompaña el dolor
por todas las muertas de Chihuahua
las muertas de Ciudad Juárez
las muertas de Tijuana

las muertas del mundo
las muertas que rodean con sus manos
la cintura del dolor de tantas muertes

¿Quién responde Susana por sus vidas?
¿Quién lava la inclemencia
      de sus muertes?

EN EGIPTO, UNA MUJER, UNA MÁS, ES VIOLADA

Lo he escuchado muchas veces:
no más mujeres hablando de mujeres
la frase
eco despierto
redobla en mi cabeza

Pregunto
¿Quién enuncia vocablos
para clausurar su desesperado silencio?

¿Quién llora esos silencios
para lavarlos en llanto?
¿Quién articula esas palabras
una otra muchas veces
hasta que ninguna otra mujer
deba enunciarlas?

No es una competencia feroz
ni se ignore la ignominia
en el camino
de hombres de niños y de ancianos

Pero ¿cuál otra voz
cuál otra voz habla
de los quince penes
irrumpiendo en un cuerpo
de hombres que orinan
sobre la levedad
de esa mujer vejada?
¿cuál otra voz si no la nuestra?

Entonces pregunto
¿No es imperativo que mastiquemos
Y escupamos con sangre las palabras?

¿Que las mujeres hablemos de mujeres?

CANCIÓN DE NIÑA AFRICANA

Yo tuve una corola
tuve una flor espléndida
yo tuve una anémona
que también fue fruta de la pasión

Tuve una flor de suculentos pétalos
yo tuve una sencilla mariposa
durmiendo entre los muslos

Tuve una golondrina
Yo tuve un grillo cantando
un abejorro
tuve una tórtola
soñando entre los muslos

Pero un día
me latió un pájaro
de desconsolado vuelo

La tradición fue navaja
de un turbulento trazo

enmudeció mi grillo
la mariposa abortó su vuelo
desapareció la fruta

la corola se anegó en mi sangre

Ahora tengo un poco de nada
muriendo entre mis muslos

VRINDAVAN,
O LA CIUDAD DE LAS VIUDAS

(Después de leer el reportaje de Ana Gabriela Rojas,
en El País*)*

Hay una ciudad perdida
en donde las sombras se visten de mujer
y las mujeres son sombras
      arrastradas por el viento

Hay una ciudad que las recoge
Esa ciudad es Vrindavan
y ellas las viudas de Vrindavan

Son las viudas las brujas las hechiceras
      las viudas
de blanco de triste de amargo
las postergadas por haber perdido a un hombre

Sus plañidos saltan de rincones
inundan la ciudad de Vrindavan
desde antes del alba

hasta la incandescencia
      que antecede a la luna

No se ven
invisibles no existen
porque en Vrindavan
una mujer sola es solo sombra

Y no nos roce la sombra
que su sombra no nos roce
porque su sombra es desgracia

Sus cadáveres caerán
en el aviso del desprecio
devorados por perros
devastados hasta el último hueso
por pájaros carroñeros

Quedan olvidadas de la vida
en el nítido dibujo del abandono

Sobre-viven no viven
mientras piden a Krishna
el bálsamo de la muerte

Un repiqueteo de bastones
en las calles de Vrindavan
anuncia cada tarde su regreso
 al rincón de la amnesia

En la ciudad de las viudas
en la ciudad de Vrindavan

VIÑETA

El frío
despedaza
a cuchilladas la mañana

Una madre
se mira en su silencio

Fuera
retumban
voces de otra guerra
una más

Esa madre
entibia la esperanza

La paz
se escurre
por el cauce paralelo
de las alcantarillas

Esa madre
Intenta retenerla

Otro inútil intento

Esa madre
ahoga su esperanza

Esa madre
se pierde en su alarido

MUJERES DE BAGDAD

Mujeres
      ojos desbordados
desde el negro desconcierto
de sus mantos

Mujeres
esas invisibles mujeres
ojos transparentes
envueltas en tinieblas

Mujeres
esas mujeres
esas intocables mujeres

Persigo sus silencios
transcribo sus voces
de pájaro aterido

Mujeres
esas mujeres
ojos impermeables

heridas por saetas
arropadas por estruendos

Esas mujeres
doblemente atadas
Las miro caminando
pasos de paloma
por el rastro derruido de Bagdad

Mujeres
ojos clausurados
cuando se abrirá el cerrojo
se cerrarán heridas
y se rasgará por fin el manto

MUJERES EN LA FRANJA DE GAZA

En Gaza
la madre y su hija
sobreviven
comiendo de la sangrante hierba
que crece a la orilla
del camino

MUJERES EN AFGANISTÁN

Si quieres aprender
puedes morir
si quieres estudiar
podrías arder
si quieres leer pensar sentir
podrás desvanecerte
contra el sordo muro de la intransigencia

Si naciste mujer
Afganistán no es hoy
la tierra promisoria

Afganistán es hoy
un hoyo donde el pavor
se enrosca en tu regazo
y te muerde los pezones
con la furia congelada
de la intemperancia

OCHO AÑOS

Tengo siete años
tengo una muñeca nueva
pero no sé escribir muy bien mi nombre

Tengo siete años
y tengo sobre la cama
un vestido muy lindo
blanco con olanes blancos
con encajes blancos
dicen que es de novia el vestido

Mañana tendré boda
Habrá pasteles
música
y regalos

Tengo siete años
Vivo en Arabia
en Arabia Saudita
mañana será mi boda

y el que nombran novio
dicen que tiene cincuenta

¿Cuánto son cincuenta?
¿Son los que no tienen cuenta?
me parece que son muchos
yo solo tengo siete
una muñeca nueva
Y aún no cuento hasta cincuenta

Tampoco sé muy bien
cómo se deletrea la palabra espanto

IV

Vuelo

ALA

Ya no más nido
Ahora quiero ser ala

Batirme sobre el mar y la montaña

No pájaro
No nido

Solo ala

FIERA EN CELO

Debo confesarte
que algunas veces
no me reconozco
en el olor a fiera en celo
de mi cuerpo

ALA QUEBRADA

Ala quebrada
ala rota
ala de estacionado vuelo
cuándo ala errada
cuándo desconoció el rumbo

Cuándo enturbió
sangre sangre
ala herida
el desplomado cielo

Cuándo lloró
lágrima lágrima

su camino de ala
que se remonta y pierde
la dimensión del surco

EN SU PELO

En su pelo naufragaron colibríes
Comenzó a levarse sobre su propio vuelo

En su pecho se enredaron colibríes

Olvidó el dolor
lo efímero del tránsito

En sus ojos se durmieron colibríes

Quiso extender los brazos ahora alas
volar pájaro ya colibrí
pájaro uno
Pero cayó en picada

TE LEVANTAS

Te levantas
de nuevo alondra donde el sol despierta
Y se despeña en luces de colores

Te levantas ciega de palabras

Buscas conjugar verbos de olvido
Para que puedas sentir viviendo
Para que puedas sentir muriendo

Esa inconforme rasgadura
que te atraviesa el pecho
no sirve para cerrar tu llanto

Antes bien
te desangras despacio
te desangras mientras te desvistes
y quedas desnuda
en lágrima
Te levantas en un mutismo de retratos
sin enturbiar el rumbo de tu vuelo

Alondra de dolor
alondra ciega alondra muda

Se te enmarañan las alas
en la red de los pinceles secos

Se te enreda el vuelo

Se tergiversan tus alas
alondra muda alondra ciega
en los espejos de un caleidoscopio roto

V

Círculos

CÍRCULO PERFECTO

Somos mujeres
Nos alimenta el sueño
larvas
orugas
crisálidas
identidad despedazada

Nos alimenta la vigilia
fantasmas
esperpentos
dibujos inconclusos
perplejidad ante retrato sin retoque

al final
sueño y vigilia se funden
en círculo perfecto
de locura

EN CÍRCULOS

He velado
noches
he velado vida

he velado respirando
paisajes repetidos

he velado lacerando sueños:
he velado pero la vela
ha sido vana

Aún no venzo el cerco

Ya no manos
muñones
Sigo girando en círculos concéntricos

CÍRCULO INCONCLUSO

Inventé tu tacto
lo rehíce oponente
de mi piel marchita

Yo inventé palabras
las puse en tu boca

Inventé silencios
mares sin fondo
lunas siempre leales
a sus propios planetas

Inventé miradas
desde pupilas secas

Inventé destinos
Ataduras cerrojos

Inventé paisajes a punta de presagio

Hoy invento caminos
      por donde se empecina
en transitar mi invento

EL INFIERNO

¿Quién mi fuerza?
si no la encuentro en mí
¿Quién podrá darla?

¿Quién disfrazará el infierno?

HACIA EL ABISMO

Al borde
bordeando
caminando al borde del abismo
animal mitológico
aún no encuentra
la ruta de escape a su destino

Siempre al borde
dispuesta a un salto mortal
Lilith me acompaña

Saltimbanqui

Plomo vertical
en precipicio

En el aire

     Dando tumbos
de soledad en soledad
pasajera en ruta ajena

Y esa apetencia
de futuro
desbocándose
dejando
regueros de palabras
clavadas en el aire

VI

Claves

DESDE AQUÍ

    Desde la niña maldita
la que nos juega engaños
vengo desde la niña maldita
la que no me abandona
vengo a inventar enigmas
acertijos
a proponer esfinges

Vengo
de un único viaje
color de espejismo

en ruta inamovible
sigo sin enhilar respuestas
y este espejo de lágrimas no ayuda

SIN SALIDA

Sísifo cumple
no se desespera
Sísifo empuja su destino
con las manos en sangre
no reniega

cada mañana sube
espera
mira
y ve caer la piedra
desde lo alto
al laberinto

AGUA DE VIDA

Tuve sed

Pero no es tan sencillo

No basta tener sed
para beber
de la fuente
del agua de la vida

INMOLADA

Di fruto
compartí vino

Fui repartiendo cosechas

Dejé el lagar vacío

Rompió la sangre cauces
la piel se abrió
mostrando
lo que había
más allá de ella misma

Fui generosa con el alimento
el cuerpo fue pan

Alimenté al hambriento

Cumplí la profecía

Te dejo el poder

la gloria
la alabanza

Reclamo únicamente
fortaleza

INGENUIDAD

Pensé que era así de simple:
el que tenga sed venga
y tome agua

Ya había lavado mis vestidos

Pensé que el árbol de la vida
era mío

Me había despojado de escamas
no tenía piel
ni músculo

Pensé que era asunto simplemente
de sumergirse y nadar

Que el mar sería amable
con nuestra condición de peces

No sabía que el segundo ángel vela
ya había transformado el mar en sangre
y era el mar de vidrio y fuego

No sabía tampoco
que el cuarto ángel
derrama
paciente
su copa sobre el sol y un destino
de incendios nos acecha

VII

ESCRIBO
PORQUE NO ME CONTENGO

Escribo porque no me contengo
Soy esto que soy
incontenida en una piel
estrecha
para mis intensidades
estallan
explotan
se desbordan de mí
y en el mismo intervalo soy
la memoria imperfecta
de mí misma

Repito con la obcecación de la manía

Los ritos matutinos
me definen

El cepillo de dientes a la izquierda
igual el músculo incesante
tal cual la ideología

la cara con agua y con jabón cada mañana
la naranja exprimida
con la certidumbre del reloj
en la posición exacta
Miro hacia adentro
escucho
y me hago la desentendida

Lo de afuera sobrecoge
y me aplasta
y reniego de esta era
ajena a utopías

Escudriño el espejo
y constato:
la explosión
aún no salpica
su pura transparencia

Sigo intacta por fuera
y por dentro planetas agujeros negros
super novas y soles
se entrechocan y saltan las bengalas

Soy esto que soy
y no alcanzo a reconciliarme
con esto
lo poco
lo mucho
lo que soy

TIERRA

En la tierra
se desparrama
la osadía de mi cuerpo

No conoce el violento tambor
de mi deseo

Yermo el campo

Desbocada
como yegua nocturna
lo recorro

Ya los frutos murieron

Queda solo el compás frenético
pulso de las cosas
latiendo en mi costado

Y ese tambor violento del deseo
palpita

deja su impronta
en la piel de los veranos
en la presencia redonda de los frutos
-ahora marchitos-
último regalo de esa tierra

EL EQUIPAJE

Alto el viento en este mes de julio
cuando descubro que el viaje ya pronto
termina
y no he podido aún
ni muy ni tan remotamente
deshacer los restos de equipaje
que fui guardando
para mejores momentos

Las galas se han ido amarilleando
los perfumes se confundieron con el
viento
y la polilla
ya devoró la camisa de seda

Y no recuerdo
dónde guardé el pañuelo bordado
la bata que llené de abalorios y luciérnagas
y por más que revuelvo y revuelvo

no encuentro la enagua de lino
los encajes con que bordé los sueños
las cintas para cuando hagan falta
y los botones de plata
para cerrar y abrir los ojos

Además tenía un espejo
un pequeño peine de nácar
zapatos con plantillas de espumas
y el tizne de la noche sin luna
para alargar las pestañas
y disimular las lágrimas

¡Dios
cuándo podré usar estas galas
si ni siquiera alcanzo a deshacer
    el equipaje
y ya es de noche!

LO ÚLTIMO

No quiero en tu hambre
la guía de tu apetencia

No te quiero
partiendo de vos mismo
para regresar a tu deseo

Quiero que la ofrenda
de mi cuerpo
sea motivo de exaltación y gozo

Que el presentimiento
de mi cuerpo en tu cuerpo
y tu cuerpo en mi cuerpo
sea razón para desesperarnos
en la espera

Transcurre por mi piel
como si no hubiese otra

Dale alas a mis brazos
Baja hasta el rincón anónimo
y siémbralo de hibiscos

                De camino
                riega la luna
                por donde vas pasando

Inventa soles
para atizar tormentas
                mientras me vas viviendo
                olvidas la sed
                y me vuelves tu alimento

Es lo último que pido

MI CORAZÓN

Mi corazón
fuente de plata
surtidor de agua salada
vierte mar
y vierte lágrimas

Y busca escudriña busca
No ceja en la búsqueda

Persigue
sin tregua
el leve temblor
de los recuerdos

Tu mano en su caricia larga
tu boca y su asedada trampa
tu cuerpo en espiral
subiendo los altos andamios
del deseo

Y yo a ras del suelo

atrapo entre las manos
ese mi corazón
en su latir constante

este mi corazón
pájaro herido
cántaro de plata
lámpara votiva
de donde brota sal
y algunas veces sangre

ME MIDO EN EL REFLEJO DE TU CUERPO

Me mido en el reflejo de tu cuerpo
No queda mucho para dar

Tal vez
la fuerza ferviente
de mi verbo
el olor a madrugada
de mi boca
la desbocada apetencia de mis manos
una tristeza antigua y sin camino
para ir construyendo
adioses
despedidas

De vuelta ya de mi destino
me observo en el espejo de tu cuerpo

recupero el hábito de la nostalgia
lloro por la mujer que soy
y por todas las que han sido

Sólo me rescata de mí misma
este olor a mar entre los muslos

LA CARICIA

Una caricia en suspenso
busca
insistente
la mano
la mano a su medida
la mano que se acople
a su condición de caricia

Así
arrancarse de sí misma
ser entonces en la plenitud de su destino

Una caricia
que anida en una mano
no apta para modelar el aire
ni el árbol
ni el acero

Solo la desventura
de la piel
que aguarda
por ella

Escorzo escurridizo
del deseo

DE BESOS

(a propósito del poema de Lorca Balada interior)

Vivo repleta
de primeros besos
los dulces
Los amargos
los que fueron
los imaginados
los deseados
los torpes
los sabios
los remisos

Cada uno replicante
en la quebrada honda del recuerdo
sumatoria
para al final en la extensión del beso
delinear la perfección de un beso

el que amaneció
después de los insomnios
en el lado oscuro de la noche

ENIGMA

Conmovida conmocionada
Detenida inmovilizada
arrastrada a rastras removida
explicada
absurdamente interpretada
desconocida
extranjera en el mapa de la vida
llena de colinas
hendiduras
márgenes traspuestos
líquenes y árboles antiguos
musgos. humedades, helechos
arborescencias
ríos
cascadas torrentes y lagos
a veces cráteres lavas
hervores del fondo de la tierra
desiertos tundras solitarias
sumisa desparramada
ansiosa
rebelde libertaria
me declaro incompetente
para descifrar la vida

SOLEDAD

Mi casa vacía

Los balcones miran hacia adentro
los corredores corren hacia ninguna parte
escuchan
golpes de ventanas
abatidas por silencios

Mi casa vacía

Se durmieron risas
no se oyen pisadas
ni siquiera un ladrido

La traspasan lluvias
no hay pájaros
en sus rincones
Las puertas olvidaron su destino
no logran
detener el paso de los años

En cada esquina fuegos fatuos
pero no alcanzan
a consumir la soledad

Queda solo
un exilio de palabras
habitando el desierto

PAISAJE CERRADO

Una ventana mira hacia la nada
el momento es de plomo
un vuelo de pájaros
congelados en su afán de distancia
y una mujer
tan parecida
tan hermana
mira por el recuadro hacia la nada

Quisiera hablarle
contarle que hay muchas otras mujeres
contenidas por rectángulos de luz
y ciegas

Participo de la espera
De ese aire suspendido en un silencio
Edward Hopper retrata

Y yo me identifico

Desnuda

Desnuda frente a la vida
el peso de los condicionales
de los hipotéticos
de los imperfectos
acompaña

Cronos arranca el deseo
adelgaza la voz
deja la náusea

Como opciones el miedo o la paz
Ambas la muerte

Última parda:
la delgada línea que propone el aire
antes del precipicio

UN DISPARO AL FUTURO

Un disparo al futuro
miraremos atentos el proyectil

Mediremos cada milímetro
hasta definir el alcance
de su trayectoria

No nos queda más
porque ya agotamos
manos y esperanzas

Se ha borrado la sonrisa
y su premonición de mañanas

Los años se han ido
devorando a sí mismos

El futuro fue ayer
Cronos minucioso ha molido sin pausa

Y no regurgita

NO ME RECONOZCO

Sí
No me reconozco
en las camisas de fuerza
diseñadas hoy
para contener la vida

Ahora vivir se resuelve
en la impostación de la sorpresa

Ni yunque ni martillo funcionales
Ya no hay forja

Solo persiste
inventada
la tersura del pétalo
el tacto del durazno
la blandengue consistencia
de los días

A sangre y hierro vedados
la rugosidad de la arena
o el ceño del dolor

Vivir equivale a la sonrisa fingida
entre el botox y la silicona
cualquier otra cosa es execrable

Lo que somos
se esconde tras la máscara

La sangre
la crueldad
la luminiscencia que emana de los cuerpos
la tortura
el hambre
el sudor
el deseo
estorban en la miel de las praderas

Los estanques reflejan
la placidez ficticia
de esta época
mientras nosotros
sin pausa
desleídos
nos sumergimos cada vez más profundo
en la bruma silenciosa
de la nada

LA VEJEZ

La vejez
nihilidad
no existe

Existe sí el cansancio
    de tantos relojes transcurridos
las nubes que empañan la mirada
la inerte flexibilidad de los caminos

La vejez es sombra
vela rostros y esperanzas
y esa ansia de ruta
sin saber del final
o si una nueva partida nos pretende

La vejez es el paso a contramano
de un cuerpo
repleto de huesos
músculos
arterias y futuros
ya marchitos

La vejez no existe
solo existe la sonrisa
en la comisura cansada de los años

AFRODITA ANOCHECIDA

Afrodita de viaje trasnochado
ya por cerrar tus alas
y el amor allí
mordiendo hasta reventar
la cansada mansedumbre de tus labios

Afrodita de senos ya gastados
fieros tus combates
cuando el amor te lava
tu cuerpo se subleva
y recupera el ardor de la batalla

Afrodita de piel adormecida
fatigas añejas
pero el amor dispuesto
a cabalgar el horizonte
de tu vientre

El deseo se afinca victorioso
se deslíe
se aposenta en la turbulencia

de tu sangre
e inunda desde la caricia presentida
la rotunda corola de tu sexo

Afrodita
sola
anegada en el amor
dónde
dime dónde
dime cuándo
ese anhelo no fue más

Cuándo
se vistió con el ropaje oscuro
de la muerte

Acerca de la autora

Arabella Salaverry, escritora y actriz. Costa Rica Premio Nacional de Cultura Magón 2021, Premio Nacional de Literatura Aquileo J. Echeverría 2019- rama poesía / Premio Nacional de Literatura Aquileo J. Echeverría 2016 rama cuento.

Su infancia transcurrida en el Caribe costarricense define su presencia literaria. Se forma en diversos países latinoamericanos (México, Venezuela, Guatemala) en donde estudia Artes Dramáticas, Filología y Teatro. Ha publicado a la fecha en Costa Rica y algunas obras en España: tres novelas, tres colecciones de cuentos y trece poemarios: Su obra aparece en antologías, periódicos, revistas y blogs literarios en su país y en Latinoamérica, Europa y Asia. Traducida diversos idiomas.

Ejerció la Presidencia y la Vicepresidencia de la ACE (Asociación Costarricense de Escritoras) y dirige el Grupo EL DUENDE desde donde realiza una intensa labor de promoción cultural. Edita la primera antología bilingüe Mujeres poetas de Costa Rica 1980-2020 que reúne cincuenta voces. Invitada a encuentros y festivales de poesía, y al salón de la poesía de la FIL Guadalajara. Jurado en concursos literarios dentro y fuera del país.

Diversos escenarios han acogido su voz en recitales personales, Brasil, México, Argentina, entre otros. Comentarista en el medio La Revista CR. Ha participado como actriz protagónica y de reparto en más de 40 montajes de diversas instituciones y en alrededor de 20 películas. Trabaja en producción, dirección y actuación para radio, cine y televisión e imparte talleres de Creación literaria y de Comunicación e imagen.

ÍNDICE

AFRODITA ANOCHECIDA

Femenino

Femenino	17
Que no me toquen	18
A flor de lágrima	19
De mujeres	21
¿cuánto más?	23
Un ruido	24

Violencia

Sueño con sangre	28
Éramos felices	29
Huella	31
Violencia	32
Se cierra la noche	33
Cirugía	34
Prácticas obscenas	36

Noticias

Clérigo culpa a mujeres promiscuas 41
Sumando muertes 43
En Egipto, una mujer, una más, es violada 45
Canción de niña africana 47
Vrindavan, o la ciudad de las viudas 49
Viñeta 52
Mujeres de Bagdad 54
Mujeres en la franja de Gaza 56
Mujeres en Afganistán 57
Ocho años 58

Vuelo

Ala 63
Fiera en celo 64
Ala quebrada 65
En su pelo 66
Te levantas 67

Círculos

Círculo perfecto 72
En círculos 73
Círculo inconcluso 74
El infierno 76
Hacia el abismo 77
En el aire 78

Claves

Desde aquí 82
Sin salida 83
Agua de vida 84
Inmolada 85
Ingenuidad 87

Afrodita anochecida

Escribo porque no me contengo	92
Tierra	95
El equipaje	97
Lo último	99
Mi corazón	101
Me mido en el reflejo de tu cuerpo	103
La caricia	104
De besos	105
Enigma	106
Soledad	107
Paisaje cerrado	109
Desnuda	110
Un disparo al futuro	111
No me reconozco	112
La vejez	114
Afrodita anochecida	116
Acerca de la autora	122

Colección
MEMORIA DE LA FIEBRE
Poesía feminista
(Homenaje a Carilda Oliver Labra)

1
Bitácora de mujeres extrañas
Esther M. García

2
Una jacaranda en medio del patio
Zel Cabrera

3
Erótica maldita / Cursed Erotica
María Bonilla

4
Afrodita anochecida
Arabella Salaverry

5
Zurda
Nidia Marina González Vásquez

6
Erógena
Luissiana Naranjo

POETRY
COLLECTIONS

ADJOINING WALL
PARED CONTIGUA
Spaniard Poetry
Homage to María Victoria Atencia (Spain)

BARRACKS
CUARTEL
Poetry Awards
Homage to Clemencia Tariffa (Colombia)

BORDELANDS/FRONTERA
Hybrid Poetry – Spanish/English
Homage to Gloria Anzaldúa (United States)

CROSSING WATERS
CRUZANDO EL AGUA
Poetry in Translation (English to Spanish)
Homage to Sylvia Plath (United States)

DREAM EVE
VÍSPERA DEL SUEÑO
Hispanic American Poetry in USA
Homage to Aida Cartagena Portalatín (Dominican Republic)

FIRE'S JOURNEY
TRÁNSITO DE FUEGO
Central American and Mexican Poetry
Homage to Eunice Odio (Costa Rica)

INTO MY GARDEN
English Poetry
Homage to Emily Dickinson (United States)

I SURVIVE
SOBREVIVO
Social Poetry
Homage to Claribel Alegría (Nicaragua)

LIPS ON FIRE
LABIOS EN LLAMAS
Opera Prima
Homage to Lydia Dávila (Ecuador)

LIVE FIRE
VIVO FUEGO
Essential Ibero American Poetry
Homage to Concha Urquiza (Mexico)

FEVERISH MEMORY
MEMORIA DE LA FIEBRE
Feminist Poetry
Homage to Carilda Oliver Labra (Cuba)

REVERSE KINGDOM
REINO DEL REVÉS
Children's Poetry
Homage to María Elena Walsh (Argentina)

STONE OF MADNESS
PIEDRA DE LA LOCURA
Personal Anthologies
Homage to Alejandra Pizarnik (Argentina)

TWENTY FURROWS
VEINTE SURCOS
Collective Works
Homage to Julia de Burgos (Puerto Rico)

VOICES PROJECT
PROYECTO VOCES
María Farazdel (Palitachi) (Dominican Republic)

WILD MUSEUM
MUSEO SALVAJE
Latino American Poetry
Homage to Olga Orozco (Argentina)

OTHER
COLLECTIONS

Fiction
INCENDIARY
INCENDIARIO
Homage to Beatriz Guido (Argentina)

Children's Fiction
KNITTING THE ROUND
TEJER LA RONDA
Homage to Gabriela Mistral (Chile)

Drama
MOVING
MUDANZA
Homage to Elena Garro (México)

Essay
SOUTH
SUR
Homage to Victoria Ocampo (Argentina)

Non-Fiction/Other Discourses
BREAK-UP
DESARTICULACIONES
Homage to Sylvia Molloy (Argentina)

For those who, like Carilda Oliver Labra, cry out: *Last night I lay with a man and his shadow /The constellations know nothing of it*, this book was published in November 2024, in the United States of America,.

www.ingramcontent.com/pod-product-compliance
Lightning Source LLC
Chambersburg PA
CBHW030117170426
43198CB00009B/647